NA CIRANDA DO TEMPO

MARIA VILANI

NA CIRANDA DO TEMPO

Poemas sobre nossas existências

Planeta

Revisão: Fernanda Guerriero Antunes e Lígia Alves
Projeto gráfico e diagramação: Renata Zucchini
Capa e ilustração de capa: Raiana Britto
Imagens de miolo: Freepik

Dados Internacionais de Catalogação na Publicação (CIP)
Angélica Ilacqua CRB—8/7057

Vilani, Maria
Na ciranda do tempo / Maria Vilani. - São Paulo : Planeta do Brasil, 2025.
160 p. : il.

ISBN 978-85-422-3847-1

1. Poesia brasileira I. Título

25-3914 CDD B869.1

Índice para catálogo sistemático:
1. Poesia brasileira

MISTO
Papel | Apoiando o manejo florestal responsável
FSC® C019498
FSC
www.fsc.org

Ao escolher este livro, você está apoiando o manejo responsável das florestas do mundo

2025
Todos os direitos desta edição reservados à
Editora Planeta do Brasil Ltda.
Rua Bela Cintra, 986, 4º andar – Consolação
São Paulo – SP – 01415-002
www.planetadelivros.com.br
faleconosco@editoraplaneta.com.br

Dedico esta obra a todos
os meus familiares,
consanguíneos e espirituais,
que caminham comigo
nesta contemporaneidade,
e àqueles que me
antecederam no retorno
à Pátria Espiritual.

"O intento, todavia, com o qual o poeta põe
em movimento a nossa fantasia
é o de manifestar-nos as Ideias, isto é,
mostrar em um exemplo o que é a vida,
o que é o mundo.
A primeira condição para isso é que
ele mesmo a tenha conhecido:
sua poesia virá a lume conforme o seu
conhecimento profundo ou superficial da vida.
Assim como há inumeráveis gradações
de profundidade e clareza na apreensão
da natureza das coisas,
assim também há poetas."

Arthur Schopenhauer*

* SCHOPENHAUER, A. *O mundo como vontade e como representação*. Trad. Jair Barboza. São Paulo: Editora Unesp, 2015. t. II.

APRESENTAÇÃO

No livro *Na ciranda do tempo*, como poeta, eu ensaiei, por meio da poesia, uma reflexão acerca dos efeitos das sensações e das abstrações em nossos corpos e em nossas almas; como os desejos interferem na sensibilidade e, consequentemente, em nosso modo de pensar e de agir, levando-nos a ganhar ou perder humanidade; como as ideias impactam a inteligência, os sentimentos afetam a cognição e as aspirações contribuem para o desenvolvimento humano.

Nesses versos eu passeio com
dúvidas que afligem a minha alma:
quem tem o enigmático poder
de guardar memórias? Por que
as aptidões habitam a juventude?
Por que se morre em vida ao
alimentar-se a culpa? Como
manter a sanidade num contexto
insano? Como livrar-se das dores
do corpo que reverberam na
alma, e das cicatrizes da alma que
reverberam no corpo?
Devo ressaltar, com honestidade,
que é difícil pisar nesse terreno.
A minha reflexão aqui se faz
muito mais por angústia das
minhas percepções em relação às
circunstâncias, a como elas me
afetam, ao meu desconforto em
relação ao meio em que existo, à
minha compreensão do mundo
e à minha falta de esperança
em momentos de turbulência,
beligerância, abandono e descaso
com a nossa humanidade do
que por conhecimento de causa.

Na ciranda do tempo reflete as inquietações do meu eu poético.

Maria Vilani
24-05-2025 | 00h30

NO PRINCÍPIO ERA O FIM

CÉU BALDIO

Houve um tempo em que
Eu não existia
E haverá um tempo em que
Eu não mais existirei.
......
Um tempo sem tempo
E um espaço sem espaço
Só a essência vagando
No Céu baldio do não ser.
......
Na fugaz imaginação
Dos desejos de existir.
......

08-01-2025 | 19h49

ANCORADOUROS

A existência ancora-se
Em si mesma ou precisa
De um lugar para habitar?
......
Assim como as cores
Precisam de seus ancoradouros,
A existência precisa de habitação,
Por meio da qual manifesta
Sua essência e interage com o Mundo.
......

30-01-2025 | 12h37

A CASTIDADE DO PASSADO

A austeridade impiedosa
Do emblema das recordações
Daquele sacro território,
......
Onde sacrificam as memórias,
Invadem a castidade do passado
E perturbam a sua letargia.
......
Insultam o presente e investem
Impetuosamente numa guerra
Contra a apatia da alma.
......

01-06-2023 | 20h23

OCO DA EMOÇÃO

Passeando o meu olhar
No oco ocado
Por dentro e por fora,
......
Avistei,
Escapulindo do ocado oco,
Um oco partejado
......
Pelo vazio do Mundo.
E a garganta do oco ocado
Expectorava centelhas de fogo
......
Em coreografia
De clarões atemorizantes,
E eu, mera assistente,

......
Do parto
Da parturiente
Da parteira
......
Com o olhar apavorado
Vendo minha alma lacerada
Desvestindo a indigência
......
Nas beiras do oco da emoção.
......

02-09-2024 | 18h37

BANQUETE DE SABORES

Minha alma em lacônica agonia
Em busca do silêncio,
Sempre interrompido pela palavra
A mergulhar em seus abismos,
Pensamentos destituídos de paladar.
......
Num banquete de sabores,
No palacete das noites sem fim,
Palavras tatuam memórias
Nas rasas covas da mente,
Onde sepultam segredos.
......

22-12-2024 | 15h19

FALSA SABENÇA

Aceitar a ideia
De pureza sexual,
......
Reprimindo os desejos
Com a falsa sabença,
......
Em perenes lamúrias
Da nossa existência,
......
É não povoar o mundo
De infelizes dementes.
......

20-02-2025 | 22h57

ABRIGADO NA SOLIDÃO

Onde pisar se falta terra
Aos meus pés?
......
Necrosadas lesões
Invadem a sanguínea corrente,
......
Ao criarem
O imenso espaço do nada,
......
Confiado à fúria cega dos ventos,
Numa penosa destruição.
......
Resíduos da minha mente
Giram embriagados
......
E se precipitam à densa
Vegetação do meu ser,
......
Abrigado na solidão,
Ao cerzir retalhos na memória.
......

26-08-2024 | 00h55

ECOS DE FRUSTRAÇÕES

Quando arrancaram dos meus pés
O chão, impiedosas lembranças
Acessaram as dores da minha memória,
......
Em silenciosos ritos a mascar cicatrizes
De remorsos entalhados nas entranhas
Da alma, rememorando
......
Estouvadas atitudes que
Perduram ecos de frustrações
Ocultas em sonoras montanhas
De pulsantes culpas.
......

23-11-2024 | 00h01

FENDAS DA ALMA

Os trilhos da existência
Imersos no lodaçal da morte
Salvando-se da vida
......
Nas dobras da monstruosidade
Da palavra que acorda a memória
Carregando vidas
......
Sob as sombras da noite
Eriçando o silêncio
Inflamando o espírito
......
Numa viagem onírica
Escapulindo
Pelas fendas da alma
......
Por onde vazam fantasias
Na escuridão do tempo
Devorada pela eternidade.
......

03-11-2024 | 14h50

INALTERADO MUNDO

Nas lacunas da existência
Perdem-se as essências
Dos seres envoltos em ilusões
Criadas por eles mesmos,
......
E servidas como sumo vaporoso
Em sopeira espalmada, a aguçar
Lembranças de pungentes manchas,
Pústulas da alma, desgostos...
......
Conservados no formol dos mistérios,
Embrulhados em deletérias ironias,
Do desejo de represália, a emanar
O veneno do ódio e a espargi-lo

......

No inalterado mundo de fora,

......

Enquanto polui a morada da mente
E a oscilante consciência, em busca
De equilíbrio sob a íntima turbulência
Das perturbações do ressentimento.

......

27-07-2023 | 13h18

ESCONDERIJO DA MEMÓRIA

Perdida entre coisas,
Avistei uma fagulha caindo
Do pequenino olho do Sol,
......
Causando rachaduras
No esconderijo da memória,
Emprenhando-a das coisas do Céu.
......
Enquanto o corpo da memória
Abrigava em seu útero
O tempo do sol ardente,
......
Todas as suas camadas
Ardiam em chamas de medo,
Todas as árvores de suas florestas

......
Emitiam sons agudos de socorro
Ao pressentir a chegada
Dos ventos, ao ouvir os estrondos
......
Cortando o teto do Mundo
E jorrando clarões indomesticáveis
Nas pregas invisíveis do meu ser.
......

01-09-2024 | 22h14

IMAGINAÇÃO

O passado não passou
O passado não se ajoelhou
O passado não pediu perdão
O passado é um cancro
Da minha imaginação
O passado inexistindo
Existe em meu presente
E atira-me ao medo do futuro.
......
O futuro não chegou
O futuro não se ajoelhou
O futuro não pediu perdão
O futuro é uma ilusão
Da minha imaginação
O futuro inexistindo
Existe em meu presente
E atira-me ao medo do passado.
......

27-01-2024 | 14h40

O futuro é uma ilusão

Da minha imaginação

CRIADOUROS DA MENTE

A turbulência emocional
Entranhou-se no pensamento
E colou-se à sua funcionalidade
Nos criadouros da mente
......
Numa sincronia de emoções
A bailar torturantes memórias
Em indizíveis contorções
De invisíveis trajetórias.
......

20-11-2022 | 11h42

INIMIGOS IMAGINÁRIOS

Na corrente da minha imaginação,
Minha alma em caverna oclusa,
Numa estreiteza bizarra,
A perder-se nos labirintos do medo
De si mesma, numa amena sinuosidade.
......
Numa lerdeza penosa, sombras do passado
Aguçam antigas aspirações,
Em rastros viscosos e malcheirosos,
Num estranho saudosismo, trazido pelo vento,
Que leva para longe as minhas lembranças.
......
Inimigos imaginários habitam a minha memória,
Que não descansa nas tréguas do meu viver.
Na minha tela mental um raio de esperança,

Um desvio dos meus dramas imaginários,
Nessa precipitação de ruídos sobrenaturais.
......
Nas sinuosidades imaginárias de dias esquisitos,
Fogueiras gélidas extenuam as minhas entranhas,
Num bailado de peçonhentas assombrações,
Nas misteriosas tumbas dos meus desejos,
Que se esvaíram num espetáculo de sombras.
......

24-06-2023 | 20h29

POLIFÔNICA MUDEZ

Eu fui uma menina
Que causava asco
Eu era o retrato da miséria.
......
Doía e fazia doer
Da estância da vida
À solenidade da morte.
......
O remorso,
Com os seus tentáculos,
Inviabilizava a paz.
......
O ritmo
A cadência
O mais ínfimo movimento.
......
Servidos em taças incolores
Jamais chegaram a mim
Nunca saberei os seus sabores.
......
O corpo,
Além de ser a casa da alma,
É o instrumento do viver.

......
E na vida
Interceptado
O corpo.
......
Suas sonoridades
Seus sentidos
Só o grito da dor.
......
Na polifônica
Mudez
Dos encaliçados sonhos.
......

20-12-2024 | 23h34

RAZÕES DO CORAÇÃO

Ao encontrar-me comigo mesma
Senti-me amalgamada ao cosmos
Sobrenadando o mar dos encantados
Amparando o globo da existência.
......
Ao submergir em mim mesma
Minha alma mais alta esvoaçou
Das entranhas para as alturas de mim
Amparando esse sítio de essências.
......
Em pleno gozo das sensações
Num total abandono das abstrações
Sentindo paz nessa área de conforto
Que sou eu na plenitude de ter-me.
......

Ao ter-me a mim mesma
Descobri-me lugar existencial
E a essencial conjuntura de mim
Na leveza prazerosa de ser-me.

......

Ao abrigar-me nesse recinto
De corpo e alma ao mesmo tempo
Na tenuidade jubilosa da quintessência
Protejo-me da gravidade terráquea.

......

Na pureza absoluta da consciência
Do concreto e do incerto de mim
Na fragilidade da minha totalidade
No liame entre as razões do coração.

......

17-12-2022 | 10h29

RELACIONAMENTO ABUSIVO

A história carrega em si
As marcas de um
Relacionamento abusivo
Com o tempo
E as suas intempéries,
......
Na misteriosa clandestinidade
De um totalitarismo ameaçador,
Que expulsa da memória.
Tudo que diverge da conveniência.
......

26-01-2025 | 16h36

EM ANSEIOS

A alma em sofrimento
Pela salvação do corpo
O lenitivo da indigência
......
Em anseios
......
Pela bem-aventurança
De minguadas fantasias
Nas torrentes do imaginário.
......

16-03-2025 | 20h21

CONCERTO DA VIDA E DA MORTE

Onde está a lógica
Da perpetuação da espécie?

......

Dias, semanas, meses, anos,
Décadas, séculos, milênios...

......

Assistem de camarote ao concerto
Da vida e da morte, sucedendo-se...

......

Todos os dias a vida sorri
Aos quatro cantos do mundo...

......

Todos os dias a vida chora
Aos quatro cantos do mundo...

......

É ensurdecedor refletir sobre a vida,
Faz-se necessária a meditação,

......

Para buscar a essência,
Porque a mente nossa de todos os dias

......

Faz de nós joguetes, nos confundem,
Nossa mente adoece, adoecendo-nos...

......

04-03-2025 | 16h24

JUSTIÇA

Quando endereçamos à justiça eterna
As lutas indormidas contra as carências,
Salvamos a justiça efêmera com tributos
Usurpados de suores, lágrimas e dores
Da vida, do nascimento até a morte.
......
Quando reprimimos os nossos desejos de ter,
Negamos a nós mesmos o direito à dignidade
E enleamos a vida em verdadeiros martírios
Que debilitam o corpo, confundem a mente
E causam a corrosão dos nossos sonhos.
......

28-02-2025 | 20h44

FRUTOS

Despercebidos
De tantas maravilhas
Passamos pela vida.

......

Ora eufóricos, ora disfóricos,
Não enxergamos os frutos
Em nossos caminhos.

......

E, quando os vemos,
Preconceituosos que somos,
Nós julgamos o fruto pela casca,

......

E o jogamos
Na lata do lixo
Da nossa história.

......
É no núcleo do fruto
Que está o seu valor,
A cura dos males estruturais.
......
Se aprendermos
A suspender os nossos juízos,
Colheremos frutos para a vida inteira.
......

22-02-2025 | 14h49

A SENHA

Como extrair a humanidade do ser?
Como esvaziar o ser de suas ilusões?
Como tirá-lo do cárcere que o aprisiona?
Como decifrar a senha dessa prisão?
......
A senha está coberta do vazio das palavras.
Com palavras jamais acessaremos o ser.
A intimidade do ser perdeu-se no Mundo
Quando a sensibilidade fracassou...
......

26-03-2025 | 03h38

TEIA DA ESCRAVIDÃO

É no silêncio que mora a salvação,
É nas suas águas que devem se banhar
Homens e mulheres que buscam
O entendimento de si e de seus intervalos
Nas dobras do cérebro e nas curvas da mente.
......
Nas silentes súplicas diurnas e noturnas
Por meio de inauditas palavras
Das quais detém a posse
Entretanto num leve descuido
As palavras escapolem da boca distraída.
......
As palavras pronunciadas escravizam,
A boca descuidada tenta esclarecer.
No entanto, quanto mais argumenta,
Mais se enleia na teia da escravidão.
......

24-12-2024 | 12h22

É no silêncio

que mora a salvação

ANTIMEMÓRIAS

Por que tanto sofrimento psíquico?
Seriam, porventura, os revezes da vida?
A derrota das ambições humanas?
A vaidade que dura enquanto há vida?
......
Quando estreamos no palco da vida,
Atuamos como coadjuvantes das lágrimas.
Seria, porventura, o fato de a nossa mente
Não assimilar a certeza da finitude?
......
Só a mente humana é capaz de entender
A indiferença gélida da presciência da morte,
Em pleno vigor de vida, eivada de desejos
E de traços que desenham antimemórias...
......

09-03-2025 | 17h34

SIMBIOSE

Flutuando nas torrentes da vida
Haurindo etílicos aromas
Beirando o cais do meu corpo
......
Território dos micróbios afogados
Na minha alma em simbiose
Entre o mental e o emocional.
......

02-01-2023 | 20h40

O COMEÇO, O MEIO E O COMEÇO**

** “Nós somos o começo, o meio e o começo. Existiremos sempre, sorrindo nas tristezas para festejar a vinda das alegrias. Nossas trajetórias nos movem, nossa ancestralidade nos guia.”
— Mestre Antônio Bispo dos Santos

O ANOITECER DA VIDA

Iluminar o anoitecer da vida
É vivenciar os dias
Com aptidão pela vida
E disposição para a felicidade.
......
Iluminar o anoitecer da vida
É impulsionar o amor ao próximo,
Regar os dias com alegria
E distribuir gentilezas.
......
Iluminar o anoitecer da vida
É alimentar a mente de boas intenções,
Evitar angústia, vigiando os pensamentos,
E praticar ações que revelem sua boa índole.
......

02-02-2025 | 19h56

EQUIVOCADOS PASSOS

Condensando defeitos e qualidades,
Seguem os seres humanos
Em frequentes oscilações
Nos seus desacertos,
......
Em equivocados passos,
Planejados
Nas longas abstrações
De um tempo acolhedor.
......

15-01-2025 | 21h14

BASTIDORES

As fraquezas da minha mente,
Em fusão com o desequilíbrio
Das minhas emoções e sensações,
Produzem um choque no meu ser
E o conduzem ao porão da existência,
......
Onde se escondem todas as vilezas
Que me impedem de encenar a vida
No palco das alegrias e me empurram
À força bruta aos seus bastidores,
Esse aldeamento da escuridão.
......

18-01-2023 | 18h56

ÁRDUA RENUNCIAÇÃO

No Planeta Terra
A vida passa rápido,
......
Ela é tão acanhada
E a indigência tão ampliada,
......
Uma combalida existência
Diluída nas águas da ignorância,
......
Dilatada no tempo
De limítrofes fronteiras
......
Ou na árdua renunciação
Do ser a si mesmo,

......

Na valorização das aparências,
Suplantando as essências.

......

22-02-2025 | 15h27

PURIFICAÇÃO

Viver é purificar-se das mazelas
Que a vida introduz nos corpos
Que reverberam nas almas.

......

Viver é purificar-se das mazelas
Que a vida introduz nas almas
Que reverberam nos corpos.

......

Viver é doer...
E na dor o desalinho do corpo e da alma
E no desalinho a purificação da alma
Na dor do corpo e da alma.

......
Viver é amalgamar
Sensações e emoções...
E a mente, alheia à dor do corpo e da alma,
Calcifica em suas membranas a dor do viver...
......

19-03-2025 | 21h13

Viver é doer...

E na dor o desalinho

do corpo e da alma

E no desalinho a purificação da alma
Na dor do corpo e da alma.

NOSSA LOUCURA

Cansamos a nossa mente
Na busca de segurança para
O anoitecer de nossas vidas
......
No entanto, como um inimigo
De nós mesmos, frustramos
As nossas perspectivas, e
Mergulhamos na nossa loucura
......
Ao privarmos a nós mesmos
Das alegrias e tristezas do presente,
Em nome de um futuro incerto,
Talvez de mágoas coberto...
......

04-03-2025 | 15h18

INVEJA

Roendo as ideias
E ruminando os pensamentos
Com a inveja à flor dos olhos
Vampirizando inteligências
Transformando em fantoches
Seus inquilinos e proprietários
......
A encenar vaporosas vantagens
No palco do Universo
Feito inseto a aspirar
A grandeza dos elefantes
Na antemanhã de sua existência
Em meio às rachaduras da memória.
......

09-02-2023 | 20h20

JUSTIÇA DIVINA

Eu ando assim,
Olhando para mim,
Sempre vigilante,
Verificando necessidades.
......
Eu ando assim,
Olhando para mim,
Numa eterna batalha
Contra a escassez
......
Do corpo e da alma,
Em completo desalinho
Com o tempo e seus intervalos,
Na afabilidade da justiça divina,

......

Aguardada diante dos equívocos
Da justiça dos homens.

......

25-01-2025 | 18h18

ROMBUDOS ARROUBOS

Insignificantes palavras,
Numa silenciosa investigação
De rombudos arroubos,
Acovardados na falsa calmaria,
Em equívocos, nas fronteiras
De inaudíveis alegações
Das carências existenciais.
......

14-06-2023 | 18h08

PASSADO PRESENTIFICADO

Qual é a tua idade?
Qual é o teu tamanho?
Qual é o teu peso?
Qual é a tua cor?
Tu deves ser incolor.
Qual é a tua forma? Oval?
Tu deves ser elíptica.
Tu tens uma habitação?
Por obra do acaso
É uma casa cujo telhado
É um projetor de imagens?
As paredes são resistentes
À realidade da vida comum?
E o piso, é uma composição
Da arte em movimento?

A tua casa tem portas?
E janelas?
Elas têm perspectivas?
São ilusões? De quem?
Tu foste criada? Quem te criou?
Quanto tempo tu ficaste guardada
No mundo das ideias do teu criador?
Há quanto tempo
Deu-se a tua emancipação?
O que tu achas da tua existência?
E a tua função?
A tua função é digna de louvor?
Quem te beneficiou com tanto poder?
Por que tu usas teus poderes
Para fazer-me tua marionete?
Por que tu cerceias a minha liberdade
De selecionar os pensamentos

Que habitam à minha totalidade?
E contra a minha vontade
Tu escancaras
As fendas da minha memória
E assombras as lembranças
De um passado presentificado,
E, nesse presente fermentadas,
Crescem, crescem, mas crescem tanto
Que não cabem mais na gaveta
Do esquecimento.
Foi para isso que tu foste criada?!
É muita insensatez! ...
......

15-10-2023 | 21h39

FANTÁSTICA ILUSÃO

Somos nesse presente
E quando
Esse presente desvanecer
Deixaremos de ser.
......
No entanto, vivemos
Como se pudéssemos
Atravessar o tempo
......
Beirar a eternidade
E outorgar a infinitude
Na fantástica ilusão
Do nosso imaginário.
......

15-01-2025 | 18h19

AMOR PELO ALHEIO

Quem plantou na mente das mães
Esse amor incondicional pelos filhos
Esqueceu-se de regar
A árvore do amor-próprio,
......
Cujas raízes foram enxertadas
Do amor pelo alheio
Em detrimento do amor por si.
......
Gnomos, duendes, silfos, fadas,
Ondinas, sereias, ninfas, hidras
E hipocampos...
......

Aproveitaram-se da desproteção
Da mente humana que flutua
No Cosmo, sujeita a invasões...
......
E, por pura diversão, destruíram
Na mente das mães os desejos
De gozo próprio, e plantaram
Espinhos de renúncia...
......

11-03-2025 | 00h02

ADVERSÁRIOS

100

Iluminar o futuro
Honrando, no presente,
A nossa existência.
......
Convivendo com adversários,
Tecidos com a mesma lã.
......
De ovelhas pastoradas
Pelo mesmo pastor,
Para evitar a insanidade.
......

20-02-2025 | 22h00

PENSAMENTOS

De algum lugar em mim
Emergem pensamentos
Num permanente burburinho
A tagarelar indizíveis palavras
......
Que projetam incolores telas
Na mudez de suas molduras
Entranhadas em etéreas cavidades
De uma linguagem impronunciável.
......

03-11-2022 | 14h39

REBELDE SIMBIOSE

Os gemidos são rasgos profanando
O silêncio da dor
Despejando por todos os poros o amálgama
Das sensações e das abstrações
Em rebelde simbiose
E eu
Hospedeira da dor entrego-lhe as chaves
E permito a exploração desse campo minado
Até que meus demônios se vão com os gemidos
E abram os acessos da alma desnuda e virginal
Ao mergulho nas sombras do mais brutal silêncio.
......

27-12-2024 | 22h57

SECRETA FÚRIA

A vida, esse afiado gume,
Alicerçada pelas trevas,
Onde ando a trôpegos passos,
......
Alimentando uma secreta fúria,
Nas profundas galerias
Da minha oscilante memória,
......
Onde perdi a essência da realidade,
Sob um clarão cortante,
Das sombras devorando a luz...
......

03-06-2023 | 17h00

SILÊNCIO INTERESTELAR

Na ausência de corpo
Da mente do Mundo,
O silêncio interestelar,
Aconchegado à criação,
Permuta a autonomia
......
Pela estabilidade do tear,
E eu me exilo nos fios
Que tecem a esterilidade
Do silêncio aracnídeo,
Na coxia do âmago do meu ser.
......

10-09-2024 | 01h45

SOSSEGO DAS ALMAS

Um clarão lácteo
Na celeridade de um dardo,
A invadir o sossego das almas
Em seus fantásticos sonhos,
A espetar os seus
Luzentes títulos, renascidos
Das chaminés do mundo real.
......

22-05-2023 | 17h28

108

INTENÇÕES

Caminhamos na vida adulta
Feito crianças que não querem
Compartilhar seus brinquedos.
......
E na caminhada apegamo-nos
A todos os objetos que encontramos
E às pessoas que nos interessam.
......
Durante a caminhada transferimos
Para as pessoas ao nosso derredor
A responsabilidade pelos nossos atos.

......

Pelos caminhos da vida ocultamos
As nossas verdadeiras intenções
Ao fingir os nossos sentimentos.

......

No desejo infalível pelo que é do outro
Escondemos o nosso verdadeiro ser
Em máscaras que disfarçam o nosso eu.

......

E, como vítimas do nosso próprio veneno,
Seguimos por caminhos tortuosos
Espargindo uma diabólica alegria.

......

18-03-2025 | 14h13

A REVIRAVOLTA

A reviravolta se dá
Quando a vida ressarce
As despesas realizadas
Pelo suor e pelas dores
Do corpo e da alma.
......
A reviravolta se dá
Quando a vida ressarce
O tempo de sonhos e desejos
Investidos na construção
Da sala de espera da felicidade.
......

02-02-2025 | 20h19

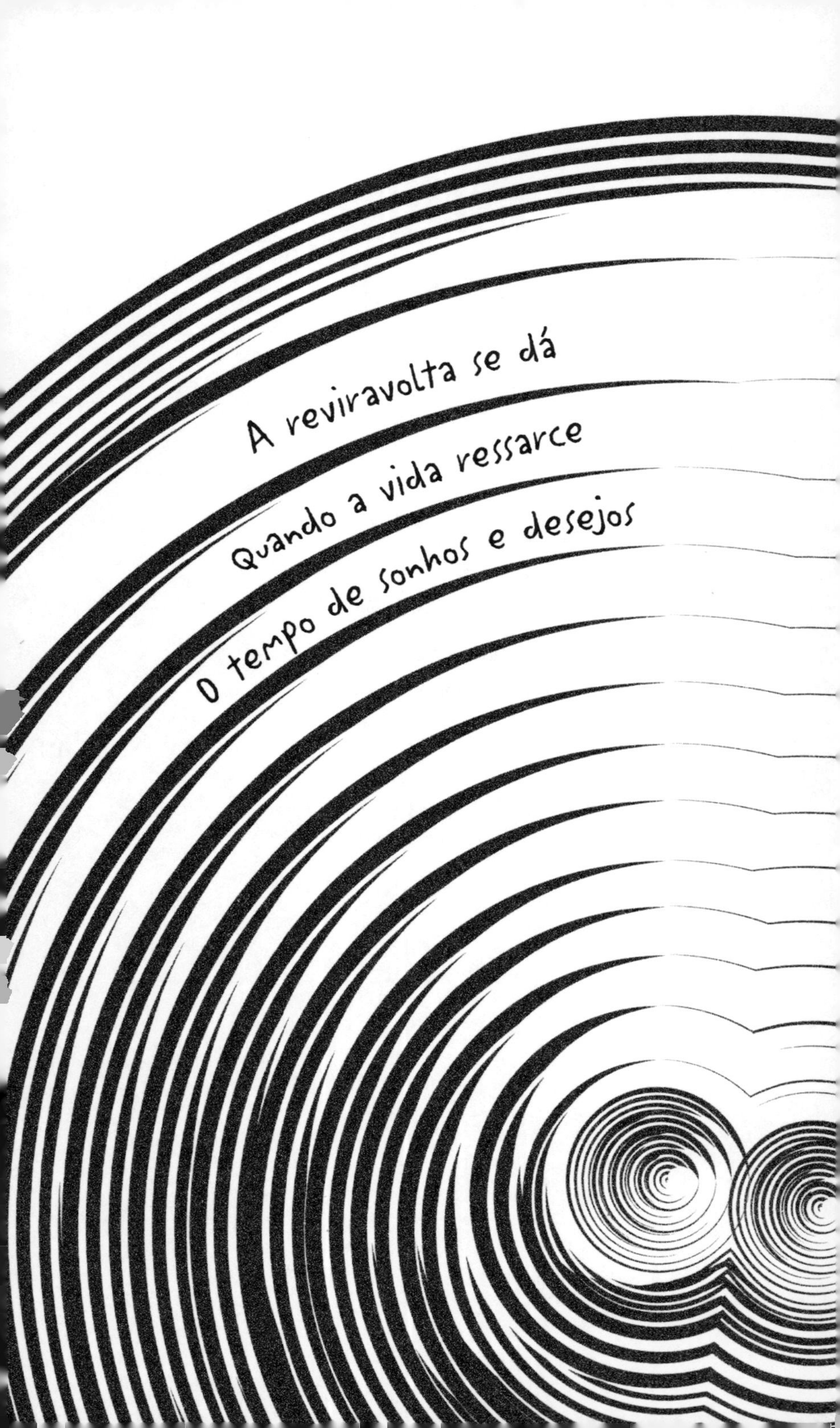

A reviravolta se dá
Quando a vida ressarce
O tempo de sonhos e desejos

Investidos na construção
Da sala de espera da felicidade.

AFIADAS PERCEPÇÕES

A comunicação,
Daqui e de lá, se dá
Na naturalidade dos acordos
Silenciosos de ocas palavras,
Em afiadas percepções,
......
A estender no varal da mente
A incompetência de auscultar
Com perícia a si e ao outro,
Por pânico dos ruídos
Do silêncio abafado pela morte.
......

23-12-2024 | 02h45

ALGAZARRA PERENE

O olho que vê acender uma fogueira
Afoga no oásis os seus desejos,
Silenciados em seu hábitat existencial,
Em algazarra perene, até que a morte
O faça parar de sofrer os seus movimentos,
O descanso de suas abstrações.
......

19-12-2024 | 19h25

IMAGINÁRIO

A noite rasga a madrugada
E devora a beleza do silêncio
Ao desvirginar a alvorada
Inoculando projeções
De sonhos estampados
Nos monitores da mente
......
A noite confia ao dia
Todos os seus segredos
Desenhando no seu corpo
Os seus pensamentos
Perdidos nos labirintos
Desencantados do imaginário.
......

22-11-2024 | 22h45

AUTOENGANO

Nos garimpos da existência,
Os equívocos da índole
Causam miragens
No deserto do autoengano.
......

23-07-2023 | 15h24

TRANSLÚCIDOS VASOS

Sacrificial é a morte em vida
Enquanto se fertiliza a culpa
Em translúcidos vasos,
......
Guardadores de torturas,
Inseminados de vulgaridades
Por destrutivas almas.
......

23-02-2025 | 20h16

LANGUIDEZ DA ALMA

É no presente
Que visito o passado,
É no presente
Que vislumbro o futuro.
......
O tempo é enigmático,
Não posso guardá-lo
Numa embalagem de presente
Na efemeridade do presente,
......
Que se esvai entre as marcas
Do passado
E as esperanças
No futuro.

......
A visita virtual ao
Passado
E o vislumbre
Ao futuro
......
Mostram
A languidez da alma,
Na constatação
De que só existe um tempo,
......
O presente, que contém em si
A memória do passado,
A sua própria presença,
E o futuro, jamais efetivado.
......

25-01-2025 | 20h44

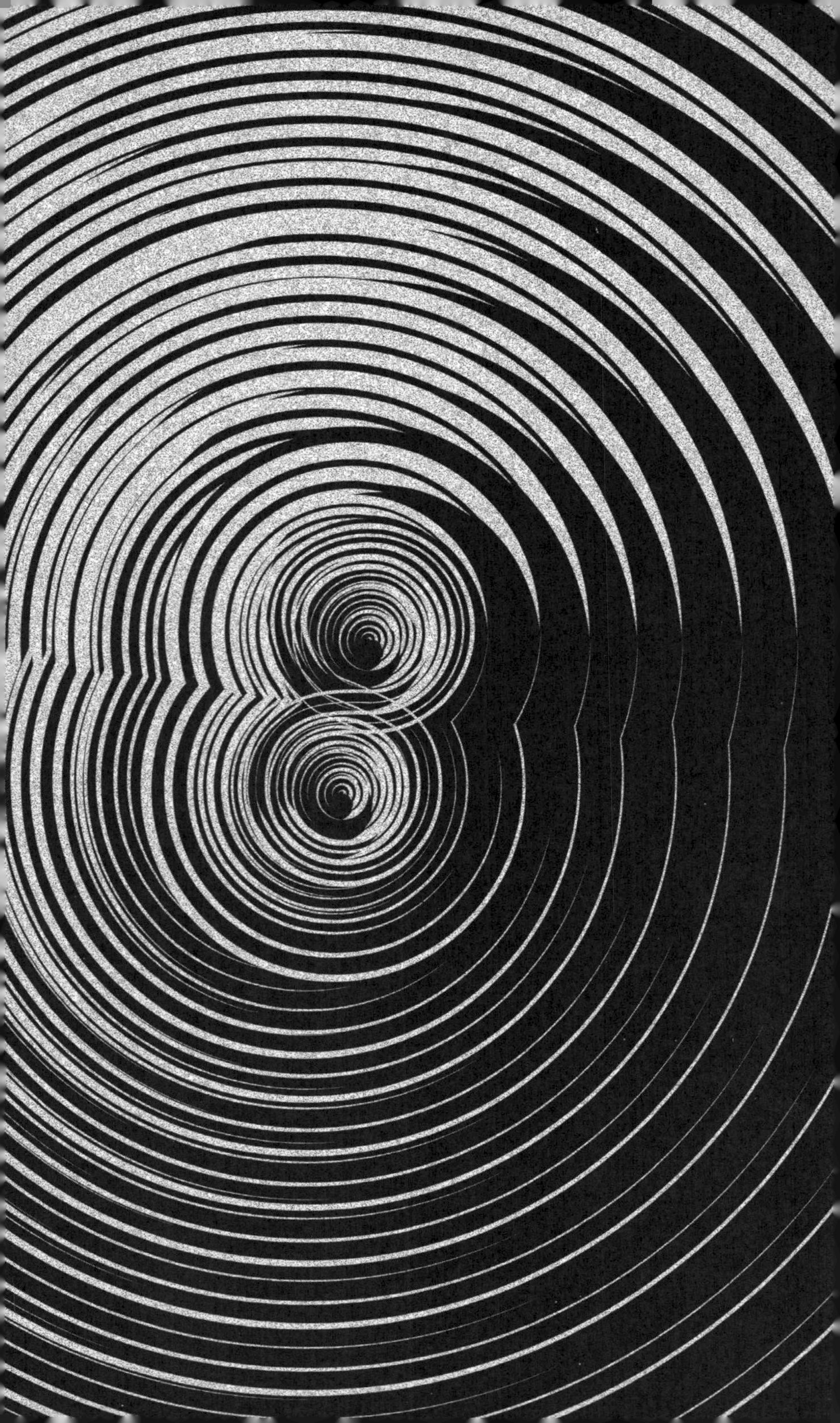

O FUTURO TEM MUITOS NOMES

FENDAS NO TEMPO

A aura é um corpo
Em lento movimento
Elevando a vida ao topo
Com a alma entre dentes
......
Perfurada a bico de corvo
A vasculhar fendas no tempo
Para fundar um seguro porto
Na margem do rio da mente.
......

28-11-2022 | 18h53

O ECO DA DENÚNCIA

Entre desejos vãos e sonhos metafísicos,
O que está prestes a existir, revestido
De tudo o que há no mundo, proferido
Muito antes de a Natureza se manifestar...
......
O silêncio, a contar as suas contas,
Em lágrimas, denuncia as palavras
Que estraçalham, na dor do existir, o ser,
E o eco da denúncia cala as suas vozes,
O silêncio impera – antes e depois do verbo.
......

16-12-2024 | 02h53

OCADAS ESPERANÇAS

Atrás das cortinas
Da minha alma
Em tela
......
Afixada a fonte
Da minha memória
A esvanecer no tempo
......
Dentro do oco de mim
Repleto de ar a entrelaçar
Sequências melódicas
......
Num ritual sobrenatural
Nas lacunas da mente
Num rasante voo
......
A depositar
Ocadas esperanças
No oco silêncio da renúncia.
......

14-09-2024 | 23h17

PEDREGULHO DA IMAGINAÇÃO

O monstro do descaso
Cerrou as cortinas da alma
À original felicidade do viajor
Desfazendo-a num assopro
......
E escancarou longas estradas
No pedregulho da imaginação
Travando todos os caminhos
Que o conduziriam à felicidade.
......

13-12-2022 | 13h19

LUZ DA INTELIGÊNCIA

Num minguado tempo
Numa exagerada sede
Partículas fragmentadas
Emanam das cascatas
De luz da inteligência
......
Fertilizando o estéril chão
Da má vontade de vida
Que no seu pessimismo
Não enxerga caminhos
......
Só atalhos que conduzem
À morte – o ato mais generoso do mundo.
......

15-01-2025 | 22h42

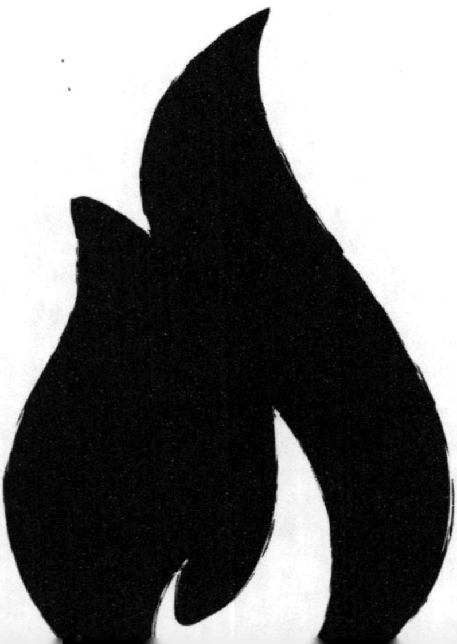

MASSACRE EMOCIONAL

Líderes espirituais cônscios
Da imprescindível realidade
Libertam a coletividade
Do massacre emocional
Em relacionamentos nefastos
Sob a embriaguez das palavras
Incendiárias da maledicência.
......

27-07-2023 | 22h46

NEUTRALIDADE

Cavei
Ilicitamente uma cova
Para sepultar a neutralidade
......
Que assola minha alma,
Abrindo-lhe fendas
E atirando-me ao nada,
......
No sinuoso
Despenhadeiro da ilusão,
Esse barco que navega
......
Aspirando ao Horizonte
Ao naufragar no fundo do poço
Enregelando cruel exílio.
......

25-08-2024 | 23h14

TORMENTAS EMOCIONAIS

Assombrações psíquicas
Acondicionadas em mim,
Conscientemente percebidas
Por meio das janelas do castelo
Do império de errantes almas,
......
A deixar-se levar pelas águas
De um caudaloso rio às paragens
Subterrâneas envoltas em lençóis
De cenas mentais produzidas
Pela mediação entre corpo e alma,
......
A reverberar antigos costumes
Resistentes aos ares da modernização
Para alcançar a sanidade mental,
Que se deixa levar pelos ventos
Das tormentas emocionais.
......

05-08-2023 | 00h36

SOLO DO EGO

No interior de mim
Vácuos destilam
Cores abrasadoras
......
A manchar minha alma
Esganando a goela do tempo
Ao confiá-la a humanas mãos
......
Lavadas em espúrias águas
Umbralinas no solo do ego
Ao espremer emoções
......
Entre as mãos hábeis do tempo.
......

25-08-2024 | 23h47

DECISÃO

Em que esconderijo se encontra
A fábrica de decisões?
É das decisões de que necessito
Para fugir desse impasse
De querer e de não querer.
......
O sonho da vigília, instigado
Pelos insalubres desejos,
Acende as lembranças
Guardadas no coração
E no sacrário do espírito.

......

A ideia fixa a navegar
No caudaloso rio do erro
Corrói as fibras do entendimento
E obscurece a essência do ser,
Amputando-lhe a vontade de viver.

......

Abro as janelas do corpo
Para arejar os sentidos da alma
E compreender a mim mesma
Nas abstrações do etéreo corpo.

......

Mas a busca da compreensão
Enfada o pensamento
E tolhe a percepção de si e do mundo,
Bloqueando o poder de decisão.

......

19-11-2021 | 20h15

TOADA DA VIDA

A lucidez invade o interior do mundo
E o confunde com o exterior de si,
Ao afundar-se na escuridão
Do alarde de suas banalidades.
......
E, acanhada, a lucidez esconde-se
Nas etéreas cores derivadas
De ruídos marítimos, num dilúvio
De sons a compor a toada da vida.
......

06-06-2023 | 19h49

TRILHOS DO TEMPO

Desataram a rede onde dormitavam
Os meus mais ínfimos pensamentos,
......
Que se alimentavam dos retalhos
Da composição do meu ser, angustiado.
......
Decompondo-se, soprando suas dores
E respigando entre um retalho e outro,
......
As suas fraquezas, para reunir forças
E ajustá-las aos trilhos do tempo,
......
O que lhe resta de subjetividade.
......

17-12-2024 | 14h31

ENIGMÁTICO PODER

Quem testemunhará a minha história?
Quem guardará as minhas memórias?
Quem possuirá esse enigmático poder?
......
Quem possuirá natureza tão diversa?
Quem conseguirá espargir do meu coração
E da minha mente tantas informações?
......

Quem conseguirá concentrar em si
Os meus sonhos de felicidade?
Quem conseguirá ocultar esses sonhos
E depois atirá-los no redemoinho da dúvida?
......

26-02-2025 | 19h05

A DECEPÇÃO DO ILUDIDO

A ilusão da esperança
E a decepção do iludido,
Em relação ao ilusório,
Preenchem a vida de horror.

......

A devastação enreda-se
Em sua vida causando-lhe
A certeza de que aquele que ilude
É o pior inimigo da humanidade.

......

02-02-2025 | 17h51

Quem guardará

as minhas memórias?

DESEJO DE INDIVIDUAÇÃO

As futilidades dos caprichos
E o ônus da singularização
São alavancas da aflição humana,
......
Energia movedora de egoísmos,
Alimentados
Pelo desejo de individuação,
Além dos limites do tangível,
......
Assim como uma pintura
Escapando de sua moldura,
Negando a arte como libertação,
Em vida, no cárcere da vida.
......

19-04-2024 | 17h29

DOR DA FINITUDE

Nós, os mortais, carregamos,
Aquém e além, sentimentos
Aprendidos na estreiteza
Do nosso hábitat existencial,
......
Eclipsados pela dor da finitude,
Na busca da bem-aventurança,
Mergulhando no redemoinho
Da nossa estreiteza mental.
......

25-01-2025 | 17h24

GEOMETRIA DAS PALAVRAS

Nos compassos da literatura
Desenho indefiníveis desejos
E no pensamento teço formas
......
Na geometria das palavras
Que rompem o hímen do silêncio
E calcificam a prenhidão do universo
......
Diante da solenidade da proferição
Que parteja a essência e a potência
Do mundo em todas as suas vozes
......

12-12-2024 | 22h14

ILUSÃO DE FUTURIDADE

Ao endereçar esperanças ao futuro,
Perdemos a maior oportunidade
Que a vida nos oferece, o presente.
......
A falta de consciência do presente,
De que a vida só pode ser vivida
Nesse eterno tempo,
......
E a ilusão de futuridade,
Essa quimérica vestimenta,
Nos conduzem à rigidez das frustrações...
......

02-02-2025 | 17h01

ANTEMANHÃS

A noite adentra o dia,
Insculpindo relicários
No seu corpo e na sua alma,
......
Onde esconde seus
Noturnos enigmas
De despertar claridades,
......
Nas antemanhãs
Onde o dia parteja o silêncio
E toda a beleza que há
......
Na poesia do fortuito
Encontro de cada alvorecer,
Entre a noite e o dia,

......
E a madrugada,
Mediadora entre o dia e a noite,
Resvalando o infinito noturno,
......
Sem deslocar-se do chão,
Na finitude que congela
Os sonhos na tela da mente.
......

03-11-2024 | 23h20

NA CIRANDA DO TEMPO

No viço da juventude
As aptidões e a inteligência
Num eterno presente
Na ciranda do tempo
......
Em simuladas verdades
Perdem força ao se chocarem
Com a dureza da realidade.
......

14-01-2025 | 21h07

AGRADECIMENTOS

A minha gratidão à Editora Planeta, pelo voto de confiança em meu trabalho, e a todas as pessoas que, direta ou indiretamente, contribuíram com o surgimento desta obra.

Maria Vilani — 16-06-2025 | 23h22

Acreditamos
nos livros

Este livro foi composto em Amasis MT Pro, Karst e Litterbox e impresso pela Geográfica para a Editora Planeta do Brasil em setembro de 2025.